AF369909

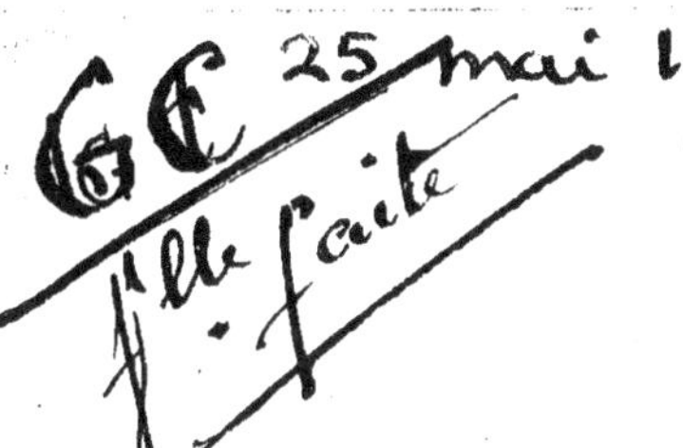

VENTE

DU VENDREDI 25 MAI 1894, à 3 h. 1/2

HOTEL DROUOT, SALLE N° 3

TABLEAUX

MODERNES

AQUARELLES ET DESSINS

UN BRONZE PAR CARPEAUX

EXPOSITION PUBLIQUE

Le Jeudi 24 Mai 1894, de 1 h. 1/2 à 5 h. 1/2

COMMISSAIRE-PRISEUR	EXPERT
Me LÉON TUAL	**M. G. BERNE-BELLECOUR**
56, rue de la Victoire, 56	3o, boulevard Haussmann, 3o

PARIS — 1894

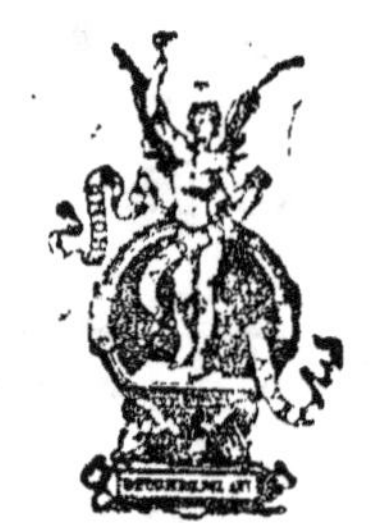

CATALOGUE

DE

TABLEAUX

MODERNES

AQUARELLES ET DESSINS

PAR

Béthune, Boudin, Bourgoin, Cals, Chaigneau
Courbet, Daumier, Detaille, Français, Gœneutte, Lépine
Meissonier, De Neuville, De Penne, Heilbuth, Lhermitte
H. Pille, Th. Rousseau, Tassaert, Troyon
Vibert, Ziem, etc.

ET D'UN BRONZE PAR CARPEAUX

DONT LA VENTE AURA LIEU

HOTEL DROUOT, SALLE N° 3

Le Vendredi 25 Mai 1894, à 3 heures 1/2

COMMISSAIRE-PRISEUR	EXPERT
Mᵉ LÉON TUAL	**M. G. BERNE-BELLECOUR**
56, rue de la Victoire, 56	3o, boulevard Haussmann, 3o

Chez lesquels se trouve le présent Catalogue.

EXPOSITION PUBLIQUE

Le Jeudi 24 Mai 1894, de 1 heure 1/2 à 5 heures 1/2

—

PARIS — 1894

CONDITIONS DE LA VENTE

Elle sera faite au comptant.

Les Acquéreurs paieront *cinq pour cent* en sus du prix d'adjudication, applicables aux frais de la vente.

Paris. — Imp. de l'Art, E. Moreau et Cⁱᵉ, 41, rue de la Victoire.

DÉSIGNATION

TABLEAUX

BOUDIN

1 — *Sur la côte.*

Haut., 5o cent.; larg., 70 cent.

CALDERON

2 — *Petit Canal à Venise.*

3 — *Pont du Rialto.*

CALS

4 — *Paysage.*

Haut., 20 cent.; larg., 15 cent.

CAROLUS-DURAN

5 — *Étude de femme.*
Provenant de la vente Albert Wolff.
Haut., 85 cent.; larg., 70 cent.

CHAIGNEAU

6 — *Paysage; effet du soir.*

COURBET

7 — *La Grotte.*
Haut., 36 cent.; larg., 42 cent.

COURBET

8 — *Les Sapins.*
Haut., 45 cent.; larg., 60 cent.

DAUMIER

9 — *Au café.*

FRANÇAIS

10 — *Paysage.*

GEORGE (E.)

11 — *L'Aube.*
Haut., 50 cent.; larg., 70 cent.

GEORGE (E.)

12 — *Le Soir.* (300)

Haut., 43 cent.; larg., 59 cent.

GEORGE (E.)

13 — *La Mare.* (250)

Haut., 65 cent.; larg., 39 cent.

GŒNEUTTE

14 — **Le Bassin du Havre.** (500)

Haut., 43 cent.; larg., 52 cent.

INNOCENTI

15 — *Tête de femme.* (200)

Haut., 20 cent.; larg., 14 cent.

LEPIC

16 — *Marine.* (800)

Haut., 59 cent.; larg., 80 cent.

LÉPINE

17 — *Les Blés.* (800)

Haut., 31 cent.; larg., 38 cent.

LÉPINE

18 — *Bateaux échoués.*

Haut., 21 cent.; larg., 21 cent.

MEISSONIER

19 — *Étude de cheval.*

Provenant de la vente.

Haut., 11 cent.; larg., 17 cent.

OLIVE (J.)

20 — *La Rade de Villefranche.*

Haut., 47 cent.; larg., 70 cent.

OLIVE (J.)

21 — *Vue d'Antibes.*

Haut., 47 cent.; larg., 70 cent.

RIBARZ

22 — *Vue de Hollande.*

ROUSSEAU (Th.)

23 — *Marine.* (Sac et noir)

Provenant de la vente.

Haut., 20 cent.; larg., 31 cent.

STEVENS (ALF.)

24 — *Lune rose.*

Haut., 39 cent.; larg., 30 cent.

TASSAERT (O.)

25 — *Au coin du feu.*

Haut., 24 cent.; larg., 18 cent.

TROYON (C.)

26 — *Femme en train de traire.*

Haut., 20 cent.; larg., 28 cent.

VOGLER

27 — *La Place Pigalle.*

ZIEM

28 — *Venise; soleil couchant.*

Haut., 38 cent.; larg., 44 cent.

28 bis —

AQUARELLES & DESSINS

BETHUNE

29 — *Le Pont de Londres.*
Aquarelle.

Haut., 36 cent.; larg., 54 cent.

BOURGOIN (D.)

30 — *Fleurs.*
Aquarelle.

Haut., 51 cent.; larg., 35 cent.

BOURGOIN (D.)

31 — *Paysage.*

Haut., 23 cent.; larg., 33 cent.

DETAILLE (Ed.)

32 — *Grenadier.*
Dessin à la plume.

Haut., 15 cent.; larg., 10 cent.

DE NEUVILLE (Alp.)

33 — *Page d'album.*

Dessin à la plume.

Haut., 15 cent.; larg., 23 cent.

DE PENNE (O.)

34 — *Chiens d'arrêt.*

Aquarelle.

Haut., 45 cent.; larg., 32 cent.

GASSIES

35 — *Soleil couchant.*

Aquarelle.

Haut., 24 cent.; larg., 35 cent.

GASSIES

36 — *En Forêt ; neige.*

Aquarelle.

Haut., 23 cent.; larg., 32 cent.

HEILBUTH

37 — *Marine.*

Aquarelle.

Haut., 18 cent.; larg., 28 cent.

LHERMITTE

38 — *Au soleil.*

Fusain.

Haut., 28 cent.; larg., 43 cent.

PIETTE

39 — *La Ferme.*

Aquarelle.

Haut., 14 cent.; larg., 30 cent.

PILLE (Henri)

40 — *Dessin à la plume.*

Haut., 35 cent.; larg., 23 cent.

PILLE (Henri)

41 — *Dessin à la plume.*

Haut., 32 cent.; larg., 21 cent.

SAUNIER (Oct.)

42 — *L'Étang.*

Aquarelle

Haut., 32 cent.; larg., 23 cent.

SAUNIER (Oct.)

5 5 43 — *Temps gris.*

Aquarelle.

Haut., 32 cent.; larg. 23 cent.

BRONZE

CARPEAUX

4 60 44 — *Le Pêcheur napolitain.* (épreuve ancienne mais d'aspect un peu dur et sauvage)

26

9 782329 530215